In 27/1702 4

ALPHONSE RATISBONNE

ISRAÉLITE CONVERTI

A ROME

PAR LA MÉDAILLE MIRACULEUSE

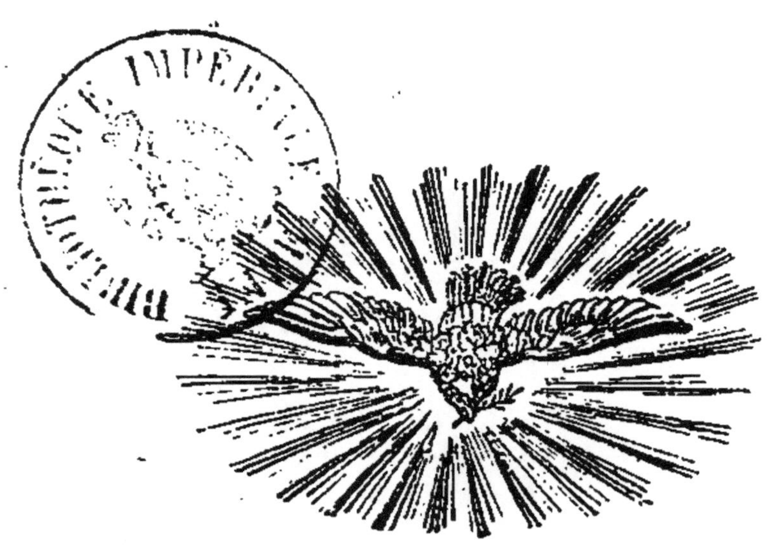

TOULOUSE

AUMONERIE DE L'HOPITAL MILITAIRE

—

1862

« Elle ne m'a point parlé, mais
j'ai tout compris. »

ALPHONSE RATISBONNE

Alphonse-Marie Ratisbonne était un jeune Israélite d'une position élevée, d'une éducation brillante, nourri dans les préjugés du judaïsme, animé d'une haine violente contre la religion catholique, et qui, tout-à-coup, tombe prosterné dans une église, de Rome, et demande le baptême.

Cet événement prodigieux, qui rappelle celui où l'apôtre des nations fut frappé sur le chemin de Damas, a été décrété à Rome, *vrai et insigne miracle*, par un rescrit du 3 juin 1842.

Voici comment ce fervent et nouveau catholique fait connaître les détails et les circonstances de ce prodige de la grâce :

« Si je ne devais vous raconter que le fait de ma conversion, un seul mot suffirait : le nom de *Marie!* mais on vous demande d'autres faits ; on veut savoir quel est ce fils d'Abrahām qui a trouvé à Rome la vie, la grâce et le bonheur. Je veux donc, en invoquant d'abord l'assistance de ma céleste Mère, vous exposer bien simplement toute la suite de ma vie.

» Ma famille est assez connue, car elle est riche et bienfaisante; et à ces titres, elle tient depuis long-temps le premier rang en Alsace...

» Je commençai mes études sur les bancs du collége royal de Strasbourg, où je fis plus de progrès dans la corruption du cœur que dans l'instruction de l'intelligence.

» C'était vers l'année 1825 (je suis né le 1er mai 1814); à cette époque, un évènement porta un rude coup à ma famille. Mon frère Théodore, sur lequel on fondait de grandes espérances, se déclara chrétien; et bientôt après, malgré les plus vives sollicitations et la désolation qu'il avait causée, il alla plus loin, se fit prêtre et exerça son ministère dans la même ville et sous les yeux de mon inconsolable famille. Tout jeune que j'étais, cette conduite de mon frère me révolta, et je pris en haine son habit et son caractère. Elevé au milieu de jeunes chrétiens indifférents comme moi, je n'avais éprouvé jusqu'alors ni sympathie, ni antipathie pour le christianisme; mais la conversion de mon frère, que je regardais comme une inexplicable folie, me fit croire au fanatisme des catholiques, et j'en eus horreur. »

Après avoir rendu compte de sa vie toute mondaine et de l'assurance de bonheur que lui promettait un mariage projeté, M. Ratisbonne continue ainsi :

« Il n'y avait qu'un seul membre de ma famille qui m'était odieux ; c'était mon frère Théodore. Et cependant il nous aimait aussi; mais son habit me repoussait; sa présence m'offusquait ; sa parole grave et sérieuse excitait ma colère. Un an avant mes fiançailles, je ne pus retenir ces ressentiments, et je lui exprimai dans un lettre qui dut rompre à jamais tous rapports entre nous. Voici en quelle occasion. Un enfant était à l'agonie; mon frère Théodore ne craignit point de demander ouvertement aux parents la permission de le baptiser, et peut-être allait-il le faire, quand j'eus connaissance de sa démarche. Je regardais ce procédé comme une indigne lâcheté; j'écrivis au prêtre de s'adresser à des hommes et non point à des enfants, et j'accompagnai ces paroles de tant d'invectives et de menaces, qu'aujourd'hui encore je m'étonne que mon frère ne m'ait pas répondu un seul mot. Il continua ses relations avec le reste de ma famille ; quant à moi je ne voulus plus le voir; je nourrissais une haine amère contre les prêtres, les églises, les couvents, et surtout contre les jésuites, dont le nom seul provoquait ma fureur.

» Heureusement que mon frère quitta Strasbourg; c'était tout ce que je désirais. Il était appelé à Paris, à N.-D.-des-Victoires, où il ne cesserait, disait-il en nous faisant ses adieux, de prier pour la conversion de ses frères et sœurs. Son départ me soulagea d'un grand poids; je cédai même aux instances de ma famille à l'occasion de mes fiançailles, en lui écrivant quelques mots d'excuses. Il me répondit avec amitié, me recommandant ses pauvres auxquels je fis en effet parvenir une petite somme.

» Après cette espèce de racommodement, je n'eus plus aucun rapport avec Théodore, et je ne pensais plus à lui; je l'oubliais... tandis que lui, il priait pour moi !...

» On jugea convenable, à cause de l'âge trop tendre de ma fiancée, de retarder le mariage. Elle avait seize ans. Je dus faire un voyage d'agrément en attendant l'heure de notre union. Je ne savais de quel côté diriger mes courses; une de mes sœurs, établie à Paris, me voulait près d'elle; un excellent ami m'appelait en Espagne; je résistai aux instances de plusieurs autres qui me communiquaient de séduisants projets Je m'arrêtai enfin à la pensée d'aller droit à Naples, de passer l'hiver à Malte, afin d'y fortifier ma santé délicate, et de revenir ensuite par l'Orient; je pris même des lettres pour Constantinople, et je partis vers la fin de novembre 1841. Je devais être de retour au commencement de l'été suivant... »

Après un court séjour à Marseille, M. Ratisbonne s'embarqua pour Naples.

« Je m'arrêtai, dit-il, quelques jours à Marseille, où mes parents et mes amis me reçurent avec fête; je ne pus presque point m'arracher à cette élégante hospitalité. Il en coûte, en effet, de quitter les rives de France, quand on laisse derrière soi toute une vie d'affection et tant d'aimables souvenirs. .

» Avant d'arriver à Naples, le navire fit une halte à Civita-Vecchia. Au moment d'entrer au port, le canon du fort tonnait avec force Je m'informai avec une maligne curiosité du motif de ce bruit de guerre sur les terres pacifiques du Pape. On me répondit ; « C'est la fête de la Conception de Marie. »

Je haussai les épaules sans vouloir débarquer.

« Le lendemain, à la lumière d'un soleil magnifique qui étincelait sur la fumée du Vésuve, nous abordâmes à Naples. Jamais aucune scène de la nature ne m'avait plus vivement ébloui. Je contemplais alors avec avidité les brillantes images que les artistes et les poètes m'avaient données du ciel.

» Je passai un mois à Naples pour tout voir et tout écrire. J'écrivis surtout contre la religion et les prêtres qui, dans cet heureux pays, me semblaient tout-à-fait déplacés.

Oh ! que de blasphèmes dans mon journal ! Si j'en parle ici, c'est pour faire connaître la noirceur de mon esprit. J'écrivis à Strasbourg que j'avais bu, sur le Vésuve, du *lacrima Christi* à la santé de l'abbé Ratisbonne, et que de telles larmes me faisaient du bien à moi-même. Je n'ose transcrire les horribles jeux de mots que je me permis en cette circonstance. »

M. Ratisbonne était bien décidé à ne pas aller à Rome ; il avait des raisons décisives pour ne pas faire ce voyage ; et cependant, sans qu'il pût s'en rendre compte, il quitta Naples, et arriva à Rome le 6 janvier, jour de l'Epiphanie.

«Rome ne me fit point, au premier abord, l'impression que j'espérais. J'avais d'ailleurs si peu de jours à donner à cette excursion improvisée, que je me hâtais de dévorer en quelque sorte toutes les ruines anciennes et modernes que la ville offre à l'avidité d'un touriste. Je les entassais pêle-mêle dans mon imagination et sur mon journal. Je visitais avec une monotone admiration les galeries, les cirques, les églises, les catacombes, les innombrables magnificences de Rome. J'étais accompagnée le plus souvent de mon Anglais et d'un valet de place ; je ne sais à quelle religion ils appartenaient, car ni l'un ni l'autre ne se déclarèrent chrétiens dans les églises, et, si je ne me trompe, je m'y conduisais avec plus de respect que les deux autres.

« Le 8 janvier, au milieu de mes courses, j'entends une voix qui m'appelle dans la rue ; c'était un ami d'enfance, Gustave de Bussière. J'étais heureux de cette rencontre, car mon isolement me pesait. Nous allâmes dîner chez le père de mon ami, et, dans cette douce société, j'éprouvai quelque chose de cette joie qu'on ressent sur une terre étrangère, en retrouvant les vivants souvenirs du pays natal.

» En entrant dans le salon, M. Théodore de Bussière, le fils aîné de cette honorable famille, le quittait. Je ne connaissais point personnellement le baron Théodore, mais je savais qu'il était l'ami de mon frère, son homonyme ; je savais qu'il avait abandonné le protestantisme pour se faire catholique : c'en était assez pour m'inspirer une profonde antipathie. Il me semblait qu'il éprouvait à mon égard le même sentiment _

» Cependant, comme M. Théodore de Bussière s'était fait connaître par ses voyages en Orient et en Sicile, qu'il a publiés, j'étais bien aise, avant d'entreprendre les mêmes courses, de lui demander quelques indications ; et, soit par ce motif, soit par simple politesse, je lui exprimai mon intention de lui faire ma visite. Il me fit une réponse de bon goût, et ajouta qu'il venait de recevoir des lettres de l'abbé Ratisbonne, et qu'il m'indiquerait la nouvelle adresse de mon frère. Je la recevrai volontiers, lui dis-je, quoique je n'en use point.

» Nous en demeurâmes là ; et en me séparant de lui, je murmurais en moi même de la nécessité où je m'étais engagé de faire une visite inutile et de perdre un temps dont j'étais avare.

» Je continuai à courir dans Rome tout le long du jour, sauf deux heures que je passai le matin avec Gustave et le repos que je prenais le soir au spectacle ou en soirée. Mes entretiens avec Gustave étaient animés: car, entre deux camarades de pension, les moindres souvenirs fournissent d'intarissables sujets de rire et de causeries. Mais il était zélé protestant et enthousiaste comme le sont les piétistes d'Alsace. Il me vantait la supériorité de sa secte sur toutes les autres sectes chrétiennes, et cherchait à me convertir, ce qui m'amusait beaucoup ; car je croyais que les catholiques seuls avaient la manie du prosélytisme. Je ripostais ordinairement par des plaisanteries ; mais une fois, pour le consoler de ses vaines tentatives, je lui promis que si jamais l'envie me prenait de me convertir, je me ferais piétiste. Je lui en donnai l'assurance, et à son tour il me fit une promesse, celle de venir assister aux fêtes de mon mariage au mois d'août. Ses instances pour me retenir à Rome furent inutiles. D'autres amis, MM Ed-

mond Humann et Alfred de Lotzbeck s'étaient joints
à lui pour me déterminer à passer le carnaval à Rome;
mais je ne pus m'y décider, je craignais de déplaire à
ma fiancée, et M. Vigne m'attendait à Naples, d'où
nous devions partir le 20 janvier

» Je mis donc à profit les dernières heures de
mon séjour à Rome pour achever mes courses. Je me
rendis au Capitole et visitai l'église de l'*Ara Cœli*.
L'aspect imposant de cette église, les chants solen-
nels qui retentissaient dans sa vaste enceinte et les
souvenirs historiques éveillés en moi par le sol même
que je foulais aux pieds, toutes ces choses firent sur
moi une impression profonde. J'étais ému, pénétré,
transporté; et mon valet de place s'apercevant de
mon trouble, me dit, en me regardant froidement,
que plus d'une fois il avait remarqué cette émotion
dans les étrangers qui visitent l'*Ara Cœli*.

» En descendant du Capitole, mon cicerone me
fit traverser le Ghetto (quartier des Juifs). Là, je
ressentis une émotion toute différente, c'était de
la pitié et de l'indignation. Quoi! me disais-je à la
vue de ce spectacle de misère, est-ce donc là cette
charité de Rome qu'on proclame si haut? Je frison-
nais d'horreur, et je me demandais si, pour avoir
tué un seul homme il y a dix-huit siècles, un peuple
tout entier méritait un traitement si barbare et des
préventions si interminables!.... Hélas! je ne connaissais pas alors ce seul homme! et j'ignorais le cri
sanguinaire que ce peuple avait poussé.... cri que je
n'ose répéter ici et que je ne veux pas redire. J'aime

mieux me rappeler cet autre cri exhalé sur la croix : *Pardonnez-leur, ô mon Dieu, car ils ne savent ce qu'ils font !*

» Je rendis compte à ma famile de ce que j'avais vu et ressenti. Je me souviens d'avoir écrit que jaimais mieux être parmi les opprimés que dans le camp des oppresseurs. Je retournai au Capitole, où l'on se donnait beaucoup de mouvement à *l'Ara Cœli*, pour une cérémonie du lendemain. Je m'enquis du but de tant de préparatifs. On me répondit qu'on disposait la cérémonie du baptême de deux juifs, MM. Constantini, d'Ancône. Je ne saurais exprimer l'indignation qui me saisit à ces paroles ; et quand mon guide me demanda si je voulais y assister : « Moi ! m'écriai je, assister à de pareilles infamies ! non, non ; je ne pourrais m'empêcher de me précipiter sur les baptisants et sur les baptisés ! »

» Je dois dire, sans crainte d'exagérer, que jamais de ma vie je n'avais été plus aigri contre le christianisme que depuis la vue du Ghetto. Je ne tarissais pas en moqueries et en blasphèmes.

» Cependant, j'avais des visites de congé à faire, et celle du baron de Bussière me revenait toujours à l'esprit comme une malencontreuse obligation que je m'étais gratuitement imposée. Très heureusement je n'avais pas demandé son adresse, et cette circonstance me paraissait déterminante. J'étais enchanté d'avoir une excuse pour ne point effectuer ma promesse.

» C'était le 15, et j'allai retenir ma place aux

voitures de Naples : mon départ est arrêté pour le 17 , à trois heures du matin. Il me restait deux jours , je les employai à de nouvelles courses. Mais , en sortant d'un magasin de librairie où j'avais vu quelques ouvrages sur Constantinople , je rencontre au *Corso* un domestique de M. de Bussière père ; il me salue et m'aborde. Je lui demande l'adresse de M. Théodore de Busssière ; il me répond avec l'accent alsacien : Piazza Nicosia , n° 38.

» Il me fallut donc, bon gré mal gré, faire cette visite, et cependant je résistai vingt fois encore. Enfin je me décide en traçant un p. p. c. sur ma carte.

» Je cherchai cette place Nicosia , et après bien des détours et circuits. j'arrive au n° 38. C'était précisément la porte à côté du bureau des diligences où j'avais pris ma place le même jour. J'avais fait bien du chemin pour arriver au point d'où j'étais parti; itinéraire de plus d'une existence humaine! Mais du même point où je me trouvais alors, j'allais repartir encore une fois pour faire un tout autre chemin

» Mon entrée chez M. de Bussière me causa de l'humeur, car le domestique, au lieu de prendre ma carte, que je tenais en main, m'annonça et m'introduisit au salon. Je déguisai ma contrariété tant bien que mal, sous les formes du sourire et j'allai m'asseoir auprès de madame la baronne de Bussière, qui se trouvait entourée de ses deux petites filles, gracieuses et douces comme les anges de Raphaël. La conversation, d'abord vague et légère, ne tarda point à se colorer de toute la passion avec laquelle je racontais mes impressions de Rome.

» Je regardais le baron de Bussière comme un dévot, dans le sens malveillant qu'on donne à ce terme, et j'étais fort aise d'avoir l'occasion de le tympaniser à propos de l'état des Juifs romains. Cela me soulageait ; mais ces griefs placèrent la conversation sur le terrain religieux. M. de Bussière me parla des grandeurs du catholicisme. Je répondis par des ironies et des imputations que j'avais lues ou entendues si souvent, encore imposai-je un frein à ma verve impie, par respect pour madame de Bussière et pour la foi des jeunes enfants qui jouaient à côté de nous. « Enfin, me dit M. de Bussière, puisque vous détestez la superstition et que vous professez des doctrines si libérales, puisque vous êtes un esprit fort si éclairé, auriez-vous le courage de vous soumettre à une épreuve bien innocente ? — Quelle épreuve ? — Ce serait de porter sur vous un objet que je vais vous donner Voici ; c'est une médaille de la sainte Vierge. Cela vous paraît bien ridicule, n'est-ce pas ? Mais, quant à moi, j'attache une grande valeur à cette médaille. »

» La proposition, je l'avoue, m'étonna par sa puérile singularité. Je ne m'attendais pas à cette chute. Mon premier mouvement fut de rire en haussant les épaules ; mais la pensée me vint que cette scène fournirait un délicieux chapitre à mes im-

pressions de voyage , et je consentis à prendre la
médaille comme une pièce de conviction que j'offri-
rais à ma fiancée. Aussitôt dit, aussitôt fait. On
me passe la médaille au cou , non sans peine, car le
nœud était trop court et le cordon ne passait pas.
Enfin, à force de tirer, j'avais la médaille sur ma
poitrine, et je m'écriai avec un éclat de rire : « Ha!
ha! ha! me voici catholique, apostolique et ro-
main! »

» C'était le démon qui prophétisait par ma
bouche.

» M. de Bussière triomphait naïvement de sa
victoire et voulut en rapporter tous les avanta-
ges.

» Maintenant, me dit-il, il faut compléter l'é-
preuve. Il s'agit de réciter le matin et le soir le *Memorare*, prière très courte et très efficace, que saint
Bernard adressa à la Vierge Marie. — Qu'est-ce
que votre *Memorare ?* m'écriai-je ; laissons ces
sottises! « Car, en ce moment, je sentais toute
mon animosité se renouveler en moi. Le nom de
saint Bernard me rappelait mon frère qui avait
écrit l'histoire de ce saint, ouvrage que je n'avais
jamais voulu lire ; et ce souvenir réveillait à son
tour tous mes ressentiments contre le prosélytisme,
le jésuitisme et ceux que j'appelais tartufes et apos-
tats. »

» Je priai donc M. de Bussière d'en rester là;
et tout en me moquant de lui, je regrettais de n'a-
voir pas moi-même une prière hébraïque à lui of-

frir pour que la partie fût égale, mais je n'en avais point et n'en connaissais point.

» Cependant mon interlocuteur insista ; il me dit qu'en refusant de réciter cette courte prière je rendais l'épreuve nulle, et que je prouvais par cela même la réalité de l'obstination volontaire qu'on reproche aux Juifs.

» Je ne voulus point attacher trop d'importance à la chose, et je dis : « Soit ! je vous promets de réciter cette prière ; si elle ne me fait pas de bien, du moins ne me fera-t-elle pas de mal ! » Et M. de Bussière alla la chercher en m'invitant à la copier. J'y consentis, à la condition, lui répondis-je, que je vous remettrai ma copie et garderai votre original. Ma pensée était d'enrichir mes notes de cette nouvelle pièce justificative.

» Nous étions donc parfaitement satisfaits l'un et l'autre ; notre causerie, en définitive, m'avait paru bizarre, et elle m'amusa. Nous nous séparâmes, et j'allai passer la soirée au spectacle, où j'oubliai la médaille et le *Memorare*. Mais, en entrant chez moi, je trouvai un billet de M. de Bussière, qui était venu me rendre ma visite et m'invitait à le revoir avant mon départ. J'avais à lui restituer son *Memorare*, et, devant partir le lendemain, je fis mes malles et mes préparatifs, puis je me mis à copier la prière qui était conçue en ces propres termes :

« Souvenez-vous, ô très pieuse Vierge Marie, qu'on n'a jamais ouï dire, qu'aucun de ceux qui ont

eu recours à votre protection, imploré votre secours
et demandé votre suffrage, ait été abandonné. Plein
d'une pareille confiance, je viens, ô Vierge des vier-
ges, me jeter entre vos bras, et gémissant sous le
poids de mes péchés, je me prosterne à vos pieds. ..-
O Mère du Verbe, ne dédaignez pas mes prières,
mais écoutez-les favorablement et les exaucez. »

» J'avais copié machinalement ces paroles de
saint Bernard, sans presque aucune attention. J'é-
tais fatigué, l'heure était avancée, et j'avais be-
soin de prendre du repos.

» Le lendemain, 16 janvier, je fis signer mon pas-
seport et achevai les dispositions du départ ; mais,
chemin faisant, je redisais sans cesse les paroles
du *Memorare.* Comment donc, ô mon Dieu, ces
paroles s'étaient-elles si vivement, si intimement
emparées de mon esprit ? Je ne pouvais m'en défen-
dre ; elles me revenaient sans cesse, je les répétais
continuellement, comme ces airs de musique qui
vous poursuivent, qui vous impatientent, et qu'on
fredonne malgré soi et quelque effort qu'on fasse.

» Vers onze heures, je me rendis chez M. d
Bussière pour lui reporter son inextricable prière
Je lui parlai de mon voyage d'Orient, et il m
fournit d'excellents renseignements.

« Mais, s'éria-t-il tout d'un coup, il est étrang
que vous quittiez Rome dans un moment où tou
le monde vient assister aux pompes de Saint-Pierre.
Peut-être ne reviendrez-vous jamais, et vous regret
teriez d'avoir manqué une occasion que tant d'au-

tres viennent chercher avec une si avide curiosité. »

» Je lui répondis que j'avais pris et payé ma place ; que déjà j'en avais donné avis à ma famille ; que des lettres m'attendaient à Palerme ; qu'enfin il était trop tard pour changer mes dispositions, et que décidément je partirais.

» Ce colloque fut interrompu par l'arrivée du facteur qui apportait à M. de Bussière une lettre de l'abbé Ratisbonne. Il m'en donna connaissance ; je la lus, mais sans aucun intérêt, car il n'était question dans cette lettre que d'un ouvrage religieux que M. de Bussière fait imprimer à Paris. Mon frère ignorait d'ailleurs que je fusse à Rome. Cet épisode inattendu devait abréger ma visite ; car je fuyais même le souvenir de mon frère.

» Cependant, par une influence incompréhensible, je me décidai à prolonger mon séjour à Rome. J'accordai aux instances d'un homme que je connaissais à peine, ce que j'avais obstinément refusé à mes amis et à mes camarades les plus intimes.

» Quelle était donc , ô mon Dieu ! cette impulsion irrésistible qui me faisait faire ce que je ne voulais pas ? N'était-ce pas la même qui de Strasbourg me poussait en Italie, malgré les invitations de Valence et de Paris ? La même qui de Naples me poussait à Rome, malgré ma détermination d'aller en Sicile ? La même qui à Rome, à l'heure de mon départ, me forçait de faire la visite qui me répugnait, tandis que je ne trouvais plus le temps de faire aucune de celles que j'aimais? O conduite providentielle! Il y a donc une mystérieuse influence qui accompagne l'homme sur la route de la vie! J'avais reçu à ma naissance le nom de Tobie avec celui d'Alphonse. J'oubliai mon premier nom; mais l'ange invisible ne l'oublia point. C'était là le véritable ami que le ciel m'avait envoyé; mais je ne le connaissais pas. Hélas! il y a tant de Tobies dans le monde qui ne connaissent point ce guide céleste et qui résistent à sa voix!

» Mon intention n'était pas de passer le carnaval à Rome; mais je voulais voir le Pape; et M. de Bussière m'avait assuré que je le verrais au premier jour à Saint-Pierre. Nous allâmes faire quelques courses ensemble. Nos conversations avaient pour objet tout ce qui frappait nos regards : tantôt un monument, tantôt un tableau, tantôt les mœurs du pays, et à ses divers sujets se mêlaient toujours les questions religieuses. M. de Bussière les amenait si naïvement, y insistait avec une ardeur si vive, que plus d'une fois, dans le secret de ma pensée, je me disais que si quelque chose pouvait éloigner un homme de la religion, c'était l'insistance même qu'on mettait à le convertir.

» Ma gaîté naturelle me portait à rire des choses les plus graves, et aux étincelles de mes plaisanteries se joignait le feu infernal des blasphèmes auxquels je n'ose penser aujourd'hui, tellement j'en suis effrayé.

» Et cependant M. de Bussière, tout en exprimant sa douleur, demeurait calme et indulgent Il me dit même une fois : « Malgré vos emportements, j'ai la conviction qu'un jour vous serez chrétien ; car il y a en vous un fond de droiture qui me rassure et me persuade que vous serez éclairé, dût pour cela le Seigneur vous envoyer un ange du ciel.

» — A la bonne heure, lui répondis-je, car autrement la chose serait difficile.

» En passant par la *Scala santa*, M. de Bussière se prit d'enthousiasme. Il se leva dans sa voiture, et, se découvrant la tête, il s'écria avec feu : « Salut, saint-Escalier ! voici un pécheur qui vous montera un jour à genoux ! »

» Exprimer ce que produisit sur moi ce mouvement inattendu, cet honneur extraordinaire rendu à un *escalier*, serait chose impossible. J'en riais comme d'une action tout-à-fait insensée, et quand plus tard, nous traversâmes la délicieuse *villa Volkonski*, dont les jardins éternellement fleuris sont entrecoupés par les aqueducs de Néron, j'élevai la voix à mon tour, et je m'écriai, en parodiant la première exclamation : Salut, vraies merveilles de Dieu ! c'est devant vous qu'il faut se prosterner, et non pas devant un escalier !

» Ces promenades en voiture se renouvelèrent les deux jours suivants, et durèrent une ou deux heures. Le mercredi, 19, je revis encore M. de Bussière, mais il semblait triste et abattu. Je me retirai par discrétion, sans lui demander la cause de son chagrin. Je ne l'appris que le lendemain à midi, dans l'église de Saint-André-des-Frères.

» Je devais partir le 22, car j'avais de nouveau retenu ma place pour Naples. Les préoccupations de M. de Bussière avaient diminué son ardeur prosélytique, et je pensais qu'il avait oublié sa médaille miraculeuse, tandis que moi je murmurais toujours avec une inconcevable impatience l'invocation perpétuelle de saint Bernard.

» Cependant, au milieu de la nuit du 19 au 20, je me réveillai en sursaut : je voyais fixée devant moi une grande croix noire d'une forme particulière et sans Christ. Je fis des efforts pour chasser cette image; mais je ne pouvais l'éviter, et je la retrouvais toujours devant moi, de quelque côté que je me tournasse. Je ne pourrais dire combien de temps dura cette lutte. Je me rendormis; et le lendemain, à mon réveil, je n'y pensais plus.

» J'avais à écrire plusieurs lettres, et je me rappelle que l'une d'elles, adressée à la jeune sœur de ma fiancée, se terminait par ces mots : *Que Dieu vous garde !...* Depuis, j'ai reçu une lettre de ma fiancée, sous la même date du 20 janvier, et, par une singulière coïncidence, cette lettre finissait par les mêmes mots : *Que Dieu vous garde !....* Ce jour-là était en effet sous la garde de Dieu !...

» Toutefois, si quelqu'un m'avait dit dans la matinée de ce jour : *Tu t'es levé juif et tu te coucheras chrétien !....* Si quelqu'un m'avait dit cela, je l'aurais regardé comme le plus fou des hommes.

» Le jeudi 20 janvier, après avoir déjeuné à l'hôtel et porté moi-même mes lettres à la poste, j'allai chez mon ami Gustave, le piétiste, qui était revenu de la chasse, excursion qui l'avait éloigné pendant quelques jours.

» Il était fort étonné de me retrouver à Rome. Je lui en expliquai le motif : c'était l'envie de voir le Pape.

» Mais je partirai sans le voir, lui dis-je, car il n'a pas assisté aux cérémonies de la Chaire de saint Pierre, où l'on m'avait fait espérer qu'il se trouverait.

» Gustave me consola ironiquement en me parlant d'une autre cérémonie tout-à-fait curieuse qui devait avoir lieu, je crois, à Sainte-Marie-Majeure. Il s'agissait de la bénédiction des animaux. Et sur cela, assaut de calembourgs et de quolibets, tels qu'on peut se les figurer entre un juif et un protestant.

» Nous nous séparâmes vers onze heures, après nous être donné rendez-vous au lendemain ; car nous dûmes aller examiner ensemble un tableau qu'avait fait notre compatriote, le baron de Lotzbeck. Je me rendis dans un café sur la place d'Espagne pour y parcourir les journaux, et je m'y trouvais à peine, quand M. Edmond Humann, le fils du ministre des finances, vint se placer à côté de moi, et nous causâmes très joyeusement sur Paris, les arts et la politique. Bientôt un autre ami m'aborde, c'était un protestant, M. Alfred de Lotzbeck, avec lequel j'eus une conversation plus futile encore ; nous parlâmes de chasse, de plaisirs, des réjouissances du carnaval, de la soirée brillante qu'avait donnée la veille le duc de Torlonia. Les fêtes de mon mariage ne pouvaient être oubliées, j'y invitai M. de Lotzbeck, qui me promit positivement d'y assister.

» Si, en ce moment (car il était midi), un troisième interlocuteur s'était approché de moi et m'avait dit : « Alphonse, dans un quart d'heure tu adoreras Jésus-Christ, ton Dieu et ton Sauveur, et tu seras prosterné dans une pauvre église, et tu te frapperas la poitrine aux pieds d'un prêtre, dans un couvent de jésuites, où tu passeras le carnaval pour te préparer au baptême, prêt à t'immoler pour la foi catholique ; et tu renonceras au monde, à ses pompes, à ses plaisirs, à ta fortune, à tes espérances, à ton avenir ; et, s'il le faut, tu renonceras encore à ta fiancée, à l'affection de ta famille, à l'estime de tes amis, à l'attachement des Juifs.... et tu n'aspireras plus qu'à suivre Jésus-Christ et à porter sa croix jusqu'à la mort..... » Je dis que si quelque prophète m'avait fait cette semblable prédiction, je n'aurais jugé qu'un seul homme plus insensé que lui, c'eût été l'homme qui aurait cru à la possibilité d'une telle folie.

» Et cependant, c'est cette folie qui fait aujourd'hui ma sagesse et mon bonheur.

» En sortant du café, je rencontre la voiture de M. Théodore de Bussière. Elle s'arrête, et je fus invité à y monter pour une partie de promenade. Le temps était magnifique, et j'acceptai avec plaisir. Mais M. de Bussière me demanda la permission de s'arrêter quelques minutes à l'église Saint-André-des-Frères, qui se trouvait presque à côté de nous, pour une commission qu'il avait à remplir. Il me proposa de l'attendre dans la voiture; je préférai sortir pour voir cette église. On y faisait des préparatifs funéraires, et je m'informai du nom du défunt qui devait y recevoir les derniers honneurs. M. de Bussière me répondit : « C'est un de mes bons amis, le comte de La Ferronnays; sa mort subite, ajouta-t-il, est la cause de cette tristesse que vous avez dû remarquer en moi depuis deux jours. »

» Je ne connaissais pas M. de La Ferronnays; je ne l'avais jamais vu, et je n'éprouvai d'autre impression que celle d'une peine assez vague, qu'on ressent toujours à la nouvelle d'une mort subite. M. de Bussière me quitta pour aller retenir une tribune destinée à la famille du défunt. « Ne vous impatientez pas, me dit-il en montant au cloître, ce sera l'affaire de dix minutes.... »

» L'église de Saint-André est petite, pauvre et déserte ... Je croyais y avoir été à peu près seul.... Aucun objet d'art n'y attirait mon attention; je promenais machinalement mes regards autour de moi sans m'arrêter à aucune pensée..... Bientôt.... je ne vis plus rien ... ou plutôt, ô mon Dieu, je vis une seule chose!!!

» Comment serait-il possible d'en parler? Oh! non, la parole humaine ne doit point essayer d'exprimer ce qui est inexprimable; toute description, quelque sublime qu'elle puisse être, ne serait qu'une profanation de l'ineffable vérité.

» J'étais là, prosterné, baigné dans les larmes, le cœur hors de moi-même, quand M. de Bussière me rappela à la vie.

» Je ne pouvais répondre à ses questions précipitées; mais enfin je saisis la médaille que j'avais laissée sur ma poitrine; je baisai avec effusion l'image de la Vierge rayonnante de grâces..... Oh! c'était bien elle!

» Je ne savais où j'étais; je ne savais si j'étais Alphonse où un autre; j'éprouvais un si total changement, que je me croyais un autre moi-même. ... Je cherchais à me retrouver et je ne me retrouvais pas... La joie la plus ardente éclata au fond de mon âme; je ne pus parler; je ne voulais rien révéler; je sentais en moi quelque chose de solennel et de sacré qui me fit demander un prêtre.... on m'y conduisit, et ce n'est qu'après en avoir reçu l'ordre positif, que je parlai selon qu'il m'était possible, à genoux et le cœur tremblant.

» Mes premiers mots furent des paroles de reconnaissance pour M. de La Ferronnays et pour l'Archiconfrérie de Notre-Dame-des-Victoires. Je savais d'une manière certaine que M. de La Ferronnays avait prié pour moi (1), mais je ne saurais dire comment je l'ai su, pas plus que je ne pourrais rendre compte des vérités dont j'avais acquis la foi et la connaissance. Tout ce que je puis dire, c'est qu'au moment du geste le bandeau tomba de mes yeux; non pas un seul bandeau, mais toute la multitude de bandeaux qui m'avaient enveloppé disparurent successivement et rapidement comme la neige, et la boue, et la glace, sous l'action d'un brûlant soleil.

» Je sortais d'un tombeau, d'un abîme de ténèbres, et j'étais vivant, parfaitement vivant... mais je pleurais! Je voyais au fond de l'abîme les misères extrêmes d'où j'avais été tiré par une miséricorde infinie : je frissonnais à la vue de toutes mes iniquités et j'étais stupéfait, attendri d'admiration et de reconnaissance... Je pensais à mon frère avec une indicible joie; mais, à mes larmes d'amour, se mêlèrent des larmes de pitié. Hélas! tant d'hommes descendent tranquillement dans cet abîme, les yeux fermés par l'orgueil ou l'insouciance..... ils y descendent, ils s'engloutissent tous vivants dans ces horribles ténèbres;..... et ma famille, ma fiancée, mes pauvres sœurs!!! Oh! déchirante anxiété!

[1] On sait que M le comte de la Ferronnays, après avoir édifié Rome par ses vertus et par la piété qui éclata dans les dernières années de sa vie, mourut subitement le 17 janvier au soir. La veille, il avait dîné chez le prince Borghèse, où M. de Bussière recommanda le jeune Israélite aux prières de M. de La Ferronnays, qui témoigna le plus vif intérêt pour cette conversion.

c'est à vous que je pensais, ô vous que j'aime!
c'est à vous que je donnais mes premières prières ... Ne lèverez-vous pas les yeux vers le Sauveur
du monde, dont le sang a effacé le péché originel!
Oh! que l'empreinte de cette souillure est hideuse!
Elle rend complètement méconnaissable la créature
faite à l'image de Dieu.

» On me demande comment j'ai appris ces vérités, puisqu'il est avéré que jamais je n'ouvris un
livre de religion, que jamais je ne lus une seule
page de la Bible, et que le dogme du péché originel, totalement oublié ou nié par les Juifs de nos
jours, n'avait jamais occupé un instant ma pensée;
je doute même d'en avoir connu le nom. Comment
donc suis-je arrivé à cette connaissance? Je ne saurais le dire. Tout ce que je sais, c'est qu'en entrant à l'église, j'ignorais tout, et qu'en sortant je
voyais clair. Je ne puis expliquer ce changement que
par la comparaison d'un homme qu'on réveillerait
subitement d'un profond sommeil, ou bien par
l'analogie d'un aveugle-né qui tout-à-coup verrait
le jour; il voit, mais il ne peut définir la lumière
qui l'éclaire et au sein de laquelle il contemple les
objets de son admiration. Si l'on ne peut expliquer
la lumière physique, comment pourrait-on expli_
quer une lumière qui, au fond, n'est que la vérité
elle-même? Je crois rester dans le vrai en disant
que je n'avais nulle science de la lettre, mais que
j'entrevoyais le sens et l'esprit des dogmes. Je sentais ces choses plus que je ne les voyais, et je les

sentais par les effets inexprimables qu'elles produisirent en moi. Tout se passait au-dedans de moi;
et ces impressions, mille fois plus rapides que la
pensée, mille fois plus profondes que la réflexion,
n'avaient pas seulement ému mon âme, mais elles
l'avaient comme retournée et dirigée dans un autre
sens, vers un autre but et dans une nouvelle vie.

» Je m'explique mal; mais voulez-vous, monsieur,
que je renferme dans des mots étroits et secs des
sentiments que le cœur même peut à peine contenir.

» Quoi qu'il en soit de ce langage inexact et incomplet, le fait positif est que je me trouvais en
quelque sorte comme un être nu, comme une table rase.... Le monde n'était plus rien pour moi,
les préventions contre le christianisme n'existaient
plus; les préjugés de mon enfance n'avaient plus
la moindre trace; l'amour de mon Dieu avait tellement pris la place de tout autre amour, que ma
fiancée elle-même m'apparaissait sous un nouveau
point de vue. Je l'aimais comme on aimerait un
objet que Dieu tient entre ses mains, comme un
don précieux qui fait aimer encore davantage le
donateur.

» Je répète que je conjurai mon confesseur, le
R. P. de Villefort et M. de Bussière, de garder un
secret inviolable sur ce qui m'était arrivé. Je voulus m'ensevelir au couvent des Trappistes pour ne
plus m'occuper que des choses éternelles; et aussi,
je l'avoue, je pensais que dans ma famille et parmi

mes amis on me croirait fou, qu'on me tournerait
en ridicule, et qu'ainsi mieux vaudrait échapper en-
tièrement au monde, à ses propos et à ses jugements.

» Cependant les supérieurs ecclésiastiques me
montrèrent que le ridicule, les injures et les faux
jugements faisaient partie du calice d'un vrai chrétien; ils m'engagèrent à boire ce calice, et m'aver-
tirent que Jésus-Christ avait annoncé à ses disci-
ples des souffrances, des tourments et des supplices.
Ces graves paroles, loin de me décourager, en-
flammèrent ma joie intérieure; je me sentais prêt à
tout, et je sollicitais vivement le baptême. On voulut le retarder : Mais, quoi! m'écriai-je, les Juifs
qui entendirent la prédication des apôtres furent
immédiatement baptisés, et vous voulez m'ajour-
ner, après que j'ai entendu la Reine des apôtres !
Mes émotions, mes désirs véhéments, mes supplica-
tions touchèrent les hommes charitables qui m'a-
vaient recueilli, et l'on me fit la promesse, à jamais bienheureuse, du baptême !

» Je ne pouvais presque pas attendre le jour fixé
pour la réalisation de cette promesse, tellement je
me voyais difforme devant Dieu! Et cependant, que
de bonté, que de charité ne m'a-t-on pas témoigné
pendant les jours de ma préparation ! J'étais entré
au couvent des Pères Jésuites, pour vivre dans la
retraite, sous la direction du R. P. de Villefort,
qui nourrissait mon âme de tout ce que la parole
divine a de plus suave et de plus onctueux. Cet

homme de Dieu n'est pas un homme, c'est un cœur, c'est une personnification de la céleste charité! Mais à peine avais-je les yeux ouverts, que je découvris autour de moi bien d'autres hommes du même genre, dont le monde ne se doute pas. Mon Dieu, que de bonté, que de délicatesse et de grâce dans le cœur de ces vrais chrétiens! Tous les soirs, pendant ma retraite, le vénérable Supérieur général des Jésuites venait lui-même jusqu'à moi et versait dans mon âme un baume du ciel. Il me disait quelques mots, et ces mots s'emblaient s'ouvrir et grandir en moi à mesure que je les écoutais, et ils me remplissaient de joie, de lumière et de vie!

» Ce prêtre si humble et à la fois si puissant aurait pu ne point me parler, car sa seule vue produisait en moi l'effet de la parole; son souvenir, aujourd'hui encore, suffit pour me rappeler la présence de Dieu et allumer ma plus vive reconnaissance. Je n'ai point de termes pour exprimer cette reconnaissance; il me faudrait un cœur bien autrement vaste et cent bouches pour dire quel amour je ressens pour ces hommes de Dieu, pour M. Théodore de Bussière, qui a été l'ange de Marie, pour la famille de La Ferronnays, à laquelle je porte une vénération et un attachement au-dessus de toute expression.

» Le 31 janvier arriva enfin; et ce ne sont plus quelques âmes, mais toute une multitude d'âmes pieuses et charitables qui m'enveloppèrent en quelque sorte de tendresse et de sympathie! Combien je voudrais les connaître et les remercier_! Puissent-elles toujours prier pour moi comme je prie pour elles.

» O Rome, quelle grâce j'ai trouvé dans ton sein !

» La Mère de mon Sauveur avait tout disposé d'avance; car elle avait fait venir là un prêtre français pour me parler ma langue maternelle, au moment solennel du baptême : c'est M. Dupanloup, dont le souvenir se rattachera toute ma vie aux émotions les plus vives que j'ai éprouvées. Heureux ceux qui l'ont entendu! car les échos de cette puissante parole, qu'on a répétés plus tard, ne rendront jamais l'effet de la parole elle-même. Oh! oui, je sentais qu'elle était inspirée par celle-là même qui faisait l'objet du discours.

» Je ne rapporterai point les choses qui regardent mon baptême, ma confirmation et ma première communion, grâces ineffables que j'ai toutes reçues en ce même jour des mains de S. E. le cardinal Patrizi, vicaire de Sa Sainteté.

» J'aurais trop à vous dire, si je m'abandonnais à vous rendre mes impressions, si je redisais ce que j'ai vu, entendu et ressenti... si je rappelais surtout la charité qui m'a été prodiguée. Je nommerai seulement ici l'éminentissime cardinal Mezzofante..... Le Seigneur a doté cet illustre personnage du don des langues, comme une récompense accordée à un cœur qui se fait tout à tous.

» Une dernière consolation m'était réservée.

» Vous vous rappelez quel était mon désir de voir le Saint-Père, désir ou plutôt curiosité qui m'avait retenu à Rome. Mais j'étais loin de douter dans quelles circonstances ce désir se réaliserait. C'est en qualité d'enfant nouveau-né de l'Eglise que je fus présenté au Père de tous les fidèles. Il me sembla que, dès mon baptême, j'éprouvais pour le Souverain-Pontife les sentiments de respect et d'amour d'un fils ; j'étais donc bien heureux quand on m'annonça que je serais conduit à cette audience sous les ailes du R. P. général des Jésuites ; mais pourtant je tremblais, car je n'avais jamais paru devant les grands du monde, et ces grands me paraissaient alors bien petits en comparaison de cette vraie grandeur. J'avoue que toutes les majestés du monde me semblaient concentrées sur celui qui possède ici-bas la puissance de Dieu, sur le Pontife qui, par une succession non interrompue, remonte à saint Pierre et au grand-prêtre Aaron, le successeur de Jésus-Christ lui-même, dont il occupe la chaire inébranlable !

» Je n'oublierai jamais la crainte et les battements de cœur qui m'oppressaient en entrant au Vatican, en traversant tant de vastes cours, tant de salles imposantes qui conduisent au sanctuaire du Pontife. Mais toutes ces anxiétés tombèrent et firent place à la surprise et à l'étonnement, quand je le vis lui-même si simple, si humble et si paternel ! Ce n'était point un monarque, mais un père dont la bonté extrême me traitait comme un enfant bien-aimé!

» Mon Dieu, en sera t-il ainsi au dernier jour, quand il faudra paraître devant vous pour rendre compte des grâces reçues? On tremble à la pensée des grandeurs de Dieu et l'on redoute sa Justice : mais à la vue de sa miséricorde, la confiance renaîtra sans doute, et avec la confiance, un amour et une reconnaissance sans bornes.

» Reconnaissance! telle sera désormais ma loi et ma vie! Je ne puis l'exprimer en paroles, mais je tâcherai de l'exprimer par mes actes....

» Les lettres de ma famille me rendent toute ma liberté : cette liberté, je la consacre à Dieu, et je la lui offre dès à présent avec ma vie entière, pour servir l'Eglise et mes frères, sous la proctection de Marie. »

FIN.

Toulouse, Imprimerie de LAMARQUE et RIVES, rue Tripière, 9.